AF258332

# NOTICE HISTORIQUE

SUR L'ANCIENNE

## ÉCOLE MILITAIRE DE BRIENNE

ET LE

## SÉJOUR DE NAPOLÉON I<sup>er</sup>

DANS CETTE ÉCOLE

Par CH. VINOT, Officier d'Académie

L'ancienne École militaire de Brienne était dans l'origine un couvent de Minimes. D'après un manuscrit existant aux archives de la ville de Brienne, cette maison conventuelle a été fondée en 1627, par la duchesse Marguerite-Charlotte de Luxembourg et son premier mari, M. de Brantes, frère du connétable de Luynes, qui devint, par suite de son mariage, Léon duc de Luxembourg. Certains auteurs assignent à cette fondation la date de 1625 et l'attribuent à Louise de Béon-Luxembourg, épouse de Henri-Auguste de Loménie, comte de Brienne. Cette version paraît peu vraisemblable, car il est certain que M. de Loménie ne se rendit acquéreur de la seigneurie de Brienne qu'en 1640, c'est-à-dire quinze ans après cette fondation.

Pendant plus d'un siècle, cette communauté, composée d'un petit nombre de religieux qui se livraient à l'enseignement de la jeunesse, n'avait pour ressources que le produit d'un vaste enclos et les dons journaliers des seigneurs de Brienne.

En 1730, ce couvent qui avait acquis un certaine renommée comme maison d'éducation fut converti en collège, puis en 1776, érigé en école militaire.

Cette école, assise au bas de la colline sur laquelle s'élève le beau château de Brienne, est située à l'entrée de la ville, côté sud, sur la grand'rue, aujourd'hui route départementale de Tonnerre à

Brienne. D'après un plan dont le fac-simile est joint à cette notice, les bâtiments et cours occupaient une superficie de 372 cordes 4 pieds, soit un hectare 57 ares, et le jardin 472 cordes 16 pieds ou deux hectares. En dehors du jardin, elle possédait encore plusieurs pièces de terre ; ses revenus étaient alors évalués à 2,020 livres.

L'Ecole militaire de Paris, fondée en 1751, fut, par une déclaration du roi, en date du 1<sup>er</sup> février 1776, supprimée, ou plutôt dut subir une nouvelle organisation. Les élèves furent dispersés dans douze maisons ou collèges tenus par des congrégations religieuses. On fit choix, sans doute par la faveur dont jouissaient à la Cour M. de Loménie et son frère le cardinal, du collège des Minimes de Brienne, pour y établir l'une de ces écoles qui devaient recevoir chacune cent élèves du roi ou cadets de famille, avec la faculté de prendre un nombre égal de pensionnaires.

Ces douze établissements provinciaux n'étaient que des écoles préparatoires ; car chaque année, lorsque les élèves avaient l'âge requis, et après avoir subi leurs examens à la satisfaction des inspecteurs, ils étaient admis à l'Ecole militaire de Paris, et en sortaient au bout de deux à trois ans, pour commencer leur carrière dans les rangs de l'armée.

L'école de Brienne était tenue par douze religieux minimes, aidés par des auxiliaires ou professeurs laïques d'un talent incontestable. Desponts et Pichegru ont été au nombre de ces professeurs.

Napoléon Bonaparte, né à Ajaccio le 15 août 1769, deuxième fils de Charles Bonaparte et de Letitia Ramolini, fut admis à l'Ecole militaire de Brienne, comme élève du roi, à la sollicitation de M. de Marbœuf, alors gouverneur général de la Corse. Il y entra le 22 avril 1779, à l'âge de neuf ans huit mois quinze jours, y demeura cinq ans cinq mois et vingt-cinq jours et en sortit le 17 octobre 1784, âgé de quinze ans.

Napoléon, dès sa plus tendre enfance, s'était révélé par de grandes dispositions pour la carrière des armes. Aussi on le destina à l'état militaire ; et les yeux clairvoyants purent alors apercevoir un rayon de génie sur ce jeune front pâle et déjà pensif. Les bizarreries de son caractère sont comme les éclairs avant-coureurs de sa future illustration. C'était cependant un enfant d'une constitution frêle, d'une nature sensible et délicate ; il était habituellement peu communicatif, rêveur et taciturne. Il parlait peu, s'isolait volontiers de ses camarades qui le considérèrent longtemps comme un étranger, riant de son langage et l'appelant *La paille au nez*, corruption de Napoléoné. Son amour pour la méditation et l'étude paraît devoir être la vocation de sa vie et le mobile de ses actions. Pendant les premières années de son séjour à Brienne, il employait les heures de la récréation à cultiver et à convertir en jardin la portion qui lui était échue d'un terrain considérable qu'on avait partagé entre les élèves. Ici son esprit de domination et d'envahissement commence à naître.. Il obtient par son influence la portion de terrain de deux de ses condisciples, l'annexe à son lot, et pour en interdire l'accès, il l'entoure d'une forte palissade. Les arbres qu'il avait plantés et cultivés avec beaucoup de soin étaient, au bout de deux ans, assez touffus pour servir de retraite à un véritable ermite. Malheur à l'élève téméraire, curieux ou simplement étourdi qui aurait osé troubler son repos ! On l'eût vu alors s'élancer furieux de son asile pour repousser les assaillants sans s'effrayer de leur nombre. C'est dans cette retraite paisible et peu accessible que l'âme de Bonaparte, déjà avide de gloire, fécondait lentement les germes d'une noble ambition et s'alimentait par la lecture, dans Plutarques notamment, des vies des grands hommes de l'antiquité qu'il se préparait à surpasser. Il avait une prédilection pour les études et les jeux qui se rapportaient à l'art de la guerre. On l'a vu, dans le cours des hivers, prendre plaisir à élever avec stratégie, des fortifications de neige et les défendre avec opiniâtreté. Dans ces sortes de jeux qui simulaient les combats, il aimait à tenir le premier rang, ce qu'on lui accordait volontiers, tant était grand son ascendant sur ses condiciplices.

Napoléon a eu pour professeur d'histoire M. de Léguille et pour professeur de belles-lettres M. Domairon (1). Celui-ci frappé de la bizarrerie pleine d'originalité des amplifications de son

(1) Damairon (L.), littérateur, né à Béziers en 1745, mort en 1807, fut professeur à l'école militaire de Brienne de 1778 jusqu'à la révolution. On a de lui plusieurs ouvrages de littérature et d'histoire dont les plus estimés sont : *Principes généraux des Belles-Lettres et Rudiments de l'histoire.*

élève, les appelait : « *Du granit chauffé au volcan.* » En effet, le génie de Napoléon, jeune homme, ressemble assez à un volcan qui lance déjà des éclairs et de la flamme capables d'illuminer le monde ; ses compositions classiques pouvaient être justement comparées à du granit pour la solidité des idées et la force du raisonnement. Il ne faut pas être étonné si M. de Léguille mit cette note à son nom : « *Corse de caractère et de Nation, il ira loin si les circonstances le favorisent.* »

A l'âge de quinze ans, Napoléon fut un de ceux que le concours d'usage désigna pour aller achever son éducation militaire à l'Ecole de Paris.

L'Inspecteur des études, après avoir procédé à son examen, le porta sur la liste des élus malgré l'avis du principal, le P, Breton qui voulait qu'on ajournât sa nomination parce qu'il n'avait pas encore achevé sa quatrième. A toutes les objections, M. de Kéralio (2) l'inspecteur répondait : « Je sais ce que je fais ; je passe ici par dessus la règle. Ce n'est pas une faveur de famille, je ne connais pas ses parents ; c'est pour lui seul que j'agis. J'aperçois ici une étincelle et cette étincelle brillera plus tard. »

Napoléon partit de Brienne le 17 octobre 1784 pour l'Ecole militaire de Paris. Le même jour sont sortis avec lui Laugier de Bellecour, de Montarby, de Comminge et de Castres.

La note de l'admission de Napoléon à l'Ecole militaire de Paris est ainsi conçue :

« ECOLE DE BRIENNE. »

« Etat des élèves du roi capables par leur âge, de passer à *l'Ecole de Paris, savoir :*

« M. de Buonaparte (Napoléon), né le 15 août 1769 ; taille de « 4 pieds 10 pouces 10 lignes ; bonne constitution, excellente « santé, caractère soumis. Il a fait sa quatrième. Honnête et re-« connaissant, sa conduite est très régulière. Il s'est toujours dis-« tingué par son application aux mathématiques ; il sait passable-

---

(2) Kéralio (L. Félix Guinement de), né à Rennes en 1731, mort en 1793, professeur de tactique à l'Ecole militaire de Paris, puis Inspecteur des Ecoles militaires de France. Membre de l'Académie des Inscriptions, il est l'auteur d'un grand nombre d'ouvrages estimés.

« ment l'histoire et la géographie ; il est faible dans les exercices ·
« d'agrément. Ce sera un excellent marin. Mérite de passer à
« l'Ecole de Paris. » *(Ce texte est parfaitement authentique.)*

L'Ecole militaire de Brienne subsista jusqu'en 1793 époque à
laquelle elle fut transférée à Lafère. En 1799, les bâtiments et dé-
pendances, divisés en plusieurs lots, furent vendus, comme bien
national, au plus offrant et dernier enchérisseur. Il ne reste plus
de cette antique maison que le couvent ou Minimière occupée par
les professeurs, et la célèbre allée des tilleuls où souvent Napoléon
venait méditer.

Parmi les élèves de l'Ecole de Brienne qui ont acquis une ré-
putation éclatante dans la carrière des armes, nous citerons les
généraux : Pichegru, Davoust, Nansouty; d'Haupoul, Gudin,
Sorbier, Marescot, La Bretèche, Bruneteau-Sainte-Suzanne, le
maréchal Vallée ; ce dernier est né à Brienne dont une rue porte
son nom ; Bourrienne condisciple de Napoléon auquel il a souvent
disputé le prix de mathématiques. Il en est beaucoup d'autres qui,
sans s'être élevés à d'aussi hauts grades, ont servi avec bravoure
et distinction dans nos armées.

On demande souvent si, après sa sortie, Napoléon est revenu
à Brienne. Il y est revenu deux fois : en 1805 et en 1814.

En 1805, Napoléon se rendant de Paris à Milan pour se faire
couronner roi d'Italie, s'arrêta à Brienne, afin de revoir les lieux
témoins de ses jeux et de ses études.

Les autorités locales s'empressèrent d'aller présenter leurs hom-
mages respectueux au Souverain. Il devait être harangé par le
maire de Brienne, mais ce magistrat peu lettré, et d'ailleurs très
timide, perd tout à la fois la tête et la parole et se borne à tendre à
l'Empereur le papier qu'il tenait à la main en balbutiant : « C'est
là dedans. » Comme l'Empereur s'étonnait et attendait une ex-
plication, l'abbé Legrand, alors vicaire de Brienne et qui faisait
partie de la députation, prit la parole et expliqua qu'il s'agissait
d'une supplique tendant à ce que l'Ecole militaire de Brienne fut
reconstituée et affectée à un service national pour perpétuer le

souvenir du séjour de sa Majesté. Mais, objecta l'empereur : « J'ai ouï-dire que les bâtiments de l'École étaient détruits. » Il est vrai, sire, qu'il ne reste plus que l'ancienne Minimière, mais les acquéreurs n'hésiteraient pas à renoncer à leurs acquisitions, si vous aviez la bonté d'accéder à nos désirs. C'est un objet un peu dispendieux, répondit l'Empereur ; mais au reste, j'irai sur les lieux demain matin et je verrai ce que je pourrai faire.

Le lendemain, Napoléon se rendit à l'ancienne École, et n'apercevant plus que ruines, il s'écria en parlant des vandales de la révolution : « Ils ont tout détruit, ces monstres-là ! Mais je relèverai tout cela, moi. »

Cette visite de l'Empereur valut à Brienne 14,000 francs destinés à payer ses dettes, et une inscription de 600 francs de rente en faveur de son hôpital. Quant au projet de réédification de l'École, il est resté dans le néant.

En 1814, pendant la campagne de France, Napoléon revint encore à Brienne, mais triste et découragé ; et l'on dit qu'il contempla avec mélancolie les lieux où s'était écoulée son enfance studieuse qu'il comparait avec amertume à ses jours de vaine gloire et de grandeur éphémère.

Aujourd'hui, le corps principal des bâtiments composant autrefois le couvent des Minimes subsiste encore. Les boiseries du réfectoire sont de cette époque. La fameuse allée des tilleuls, témoins des méditations du Grand Homme, a été conservée avec un religieux respect par les propriétaires de la maison. On se rappelle que bien souvent durant les glorieuses campagnes du premier empire, les soldats qui passaient à Brienne venaient affiler leurs sabres sur la dure écorce de ces vieux arbres.

Il y a quelque vingt ans, les anciens soldats de l'empire, ces vieux vétérans, compagnons de gloire de Napoléon, venaient visiter ces lieux qu'ils considéraient comme le berceau du puissant génie qui les avait si souvent conduits à la victoire. Ils saluaient avec respect les restes de cette école, étonnés, affligés de ne pas retrouver une inscription, pas même une pierre consacrée à la mémoire de l'homme qui a rempli l'univers de son nom et du bruit de ses exploits (1).

De nos jours encore de nombreux visiteurs, surtout les officiers des corps d'armée de passage à Brienne, emportent comme reliques des fragments d'écorces et des feuilles.

On est tout étonné que l'État qui honore toutes les gloires, qui perpétue pieusement la mémoire des lieux où ses grands hommes ont vécu, qui édifie des centres d'éducation et des orphelinats pour les enfants des militaires, n'ait rien fait pour cette maison qui rappelle le souvenir du plus grand génie militaire des temps modernes.

Ce nom de Napoléon 1er peut éveiller dans les âmes, surtout au temps où nous vivons, des idées opposées : les uns ne voient que le grand capitaine, l'illustre législateur ; d'autres songent au despote, peu ménager du sang de ses sujets dont il a souvent confisqué les libertés ; mais on ne peut effacer l'histoire, et cette grande figure y gardera toujours, quoi qu'on dise, une place prodigieuse et un relief incomparable.

(1) Depuis MM. Garnéry et Vinot, propriétaires de la maison, ont fait ériger sur le cintre de la porte d'entrée, en face l'allée des tilleuls, la statue de l'Élève de Brienne avec cette inscription : Napoléon, 1779-1785.

Imp. Brunard, rue Urbain IV, 85. — Troyes

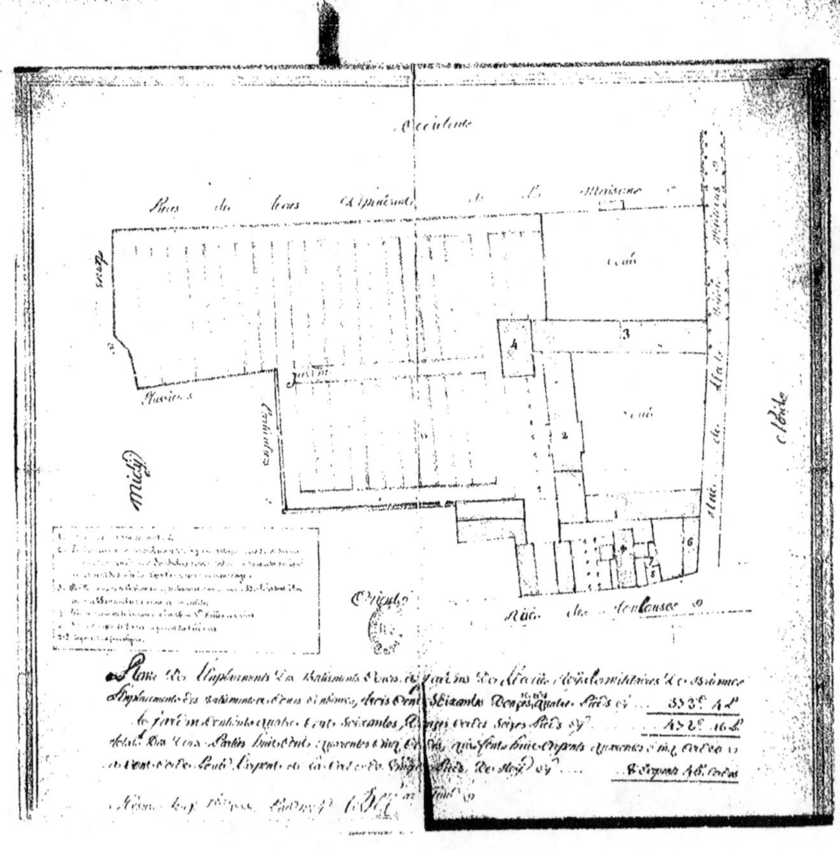

Occident
Midy
Orient
Rue des Toulouses

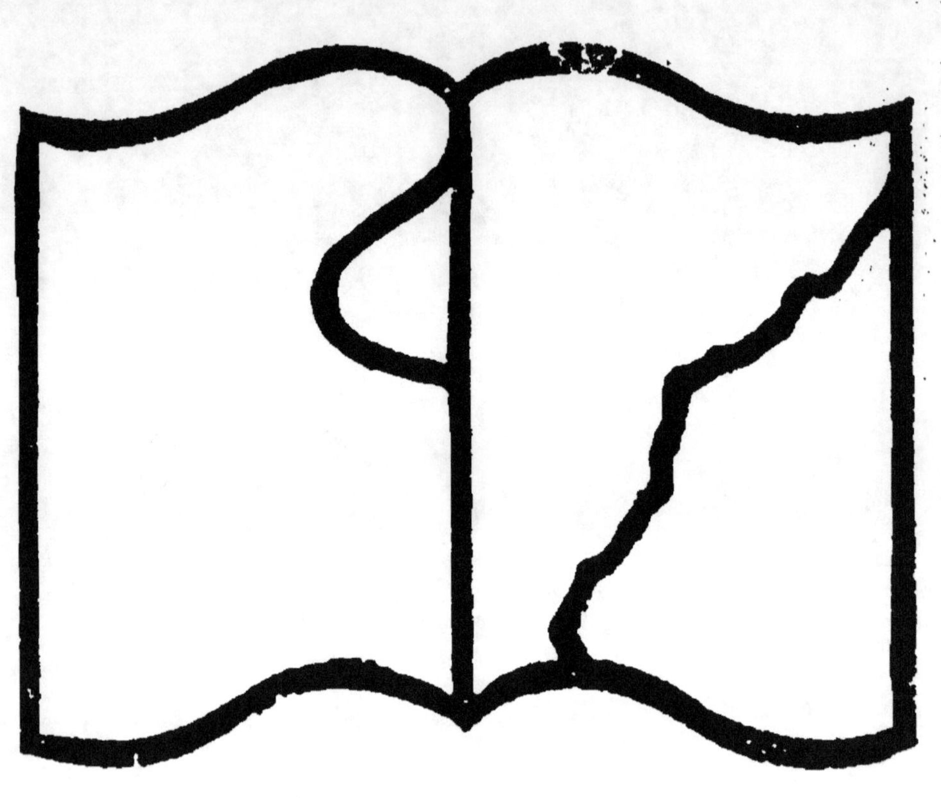

Texte détérioré — reliure défectueuse

NF Z 43-120-11